SELECTED POEMS

SELECTED POEMS

Manuel Bandeira

translated by David R. Slavitt

The Sheep Meadow Press

All inquiries and permission requests should be addressed to:
The Sheep Meadow Press
PO Box 1345
Riverdale-on-Hudson, NY 10471

Designed and typeset by S.M.
Distributed by The University Press of New England.

Printed on acid-free paper in the United States. This book meets the guidelines for permanence and durability of the Committee on Production Guidelines for Book Longevity of the Council on Library Resources.

The Library of Congress Cataloging-in-Publication Data is available from the publisher.

ISBN 1-931357-01-3

We are grateful to the New York State Council on the Arts, a state agency, for their support.

The Sheep Meadow Press gratefully acknowledges a grant from the National Endowment for the Arts.

CONTENTS

CONTENTS

3

4

5

5

INTRODUCTION

Manuel Bandeira was a survivor, a survivor of a deadly disease. This fact is crucial to an understanding of his life and poetry. Born of an old aristocratic family in 1886 in what was still the decaying Empire of Brazil in the backwards northeastern state of Pernambuco, Manuel Carneiro de Souza Bandeira Filho was infected with tuberculosis in early adolescence. For decades he fought for his life. By his eighteenth year he had already been shuttled through the health institutions of Brazil; in 1913, with his doctors' fears for his life increasing, he was sent to Clavadel, Switzerland.

A bitter stroke of luck: in Clavadel he made a cultivated group of friends—"inmates"—an international circle not unlike the one described by Thomas Mann in *The Magic Mountain*. Among the patients were the French poet Paul Éluard and his émigrée wife Gala Diakonova, who later became the wife and muse of Salvador Dalí, the Hungarian poet Charles Picker who did not survive. (Bandeira would painfully recall Picker's fate till the end of his days.) Bandeira, almost thirty, already had a long history as a reader of poetry, mainly in Portuguese and French. Éluard and Piker pushed him toward contemporary French and German literature and culture.

Baudelaire and Mallarmé, together with Apollinaire, showed Bandeira the way to a "new" lyricism and free verse. He was educated in the venerable poetic traditions of Portuguese writing. He had begun writing poetry before Clavadel, when enrolled in the Escola Politécnica in São Paulo, with the intention of becoming an architect. Brazilian art and culture of the early twentieth century was largely conservative. The burden of the Empire was a heavy load for all. In Brazil slavery was not eliminated until 1888. By then the teachings of positivism had inspired the elite with a *motto* that is still inscribed in the Brazilian flag–"Ordem e Progresso."Nevertheless, in the world he lived in, the nineteenth century was not yet altogether over.

True, in Europe Bandeira was introduced to the avant-garde culture of his day. As the First World War approached, the news was out. He knew what was happening in Saint Petersburg, Paris, London, Vienna and Turin. Even in the mountains of Davos-Platz, the murmurs of the international fanfare of modernism could be heard. Aware of the transformations the arts were undergoing in Europe, Bandeira resisted change. He tried to have his first book of largely melancholy poems published in Lisbon with the blessing of Eugénio de Castro, Portugal's leading Symbolist. The explosion of the war, however, put an end to his bright and melancholy tour and he re-crossed the Atlantic, his health still precarious but a little improved. Bandeira's first book was finally published in Brazil in 1917 as *Cinza das Horas* ("Ashes of Hours"): the book did not draw much attention, but in time it came to be recognized as the beginning of a new direction in Brazilian letters, although it was full of late Symbolist imagery.

Bandeira's survival made his life itself seem exceptional: so many Portuguese and Brazilian poets had died of tuberculosis in their prime during the previous century. In Brazil, the handsome Álvares de Azevedo was cut off from literature at 21, as was Castro Alves, a leading voice against slavery. In Portugal, Cesário Verde, possibly the most outstanding poet of the Portuguese language in the nineteenth century, died at 31, and António Nobre, who intermingled the fate of his country and his own fading health in admirable stanzas. All were forced to desert poetry before their already brilliant literary output came to maturity. Their struggle for life is more or less minutely described in their poetry, as their disease developed; their example, in short, was a vivid memory for Bandeira to consider.

Bandeira lived to the age of eighty-two and witnessed the major changes that took place in Brazilian letters during the twentieth century. He became the doyen of our heroic Modernist group. Many of the participants in the "Semana de Arte Moderna" ("Modern Art Week") of 1922 were long dead when he finally left the stage: Mário de Andrade, his mentor, died in 1945; Oswald de

Andrade, the dynamite of the class, in 1954. Bandeira lived long enough to experiment with the preferred aesthetics of the generations that followed—the neo-neo-Symbolism of the Generation of 1945, that he mostly detested, and the Concrete Poetry Movement of the 50's and 60's, that he learned to admire. Manuel Bandeira did as and what he pleased for decades: in his short auto-biographical essay, "Itinerário de Pasárgada" ("Itinerary of Pasárgada") in quite bemusing ironic terms, he says: "Sei, por experiência, que no Brasil todo sujeito inteligente acaba gostando de mim" ("I know, through [my own] experience, that in Brazil all intelligent folks end liking me").

The changes he underwent in the early 1920s were only slowly revealed in his second and third books, which gradually led the way to the heights of Brazilian "Modernismo" (*Carnaval*, 1919; *O ritmo dissoluto* [*The Dissolute Rhythm*], 1924). Yet, it was only with *Libertinagem* (*Libertinage*, 1930), a book in which the freedom of Modernism happily melted with the French *libertin* spiritual inheritance, that he fully embraced his new esthetic.

Some of the poems included in *Libertinage*, such as "Poética"("Poetics"), became part of the canon of Modernism. The last line of "Poetics" reads, in David Slavitt's translation: "I want nothing more to do with any lyricism that isn't liberation" ("Não quero mais saber to lirismo que não é libertação."). This meant not only abandoning all echoes of late-Symbolist lyricism, along with the phantasm of "domesticity" it entailed (the carefully brushed verses, *bon goût*, etc., supremely ridiculed in "The Toads" ["Os sapos"] from *Carnaval*), but also the confirmation of the importance of a "new" lyricism, inaugurated by a wilder, more personal, more striking diction. An example of this new approach is revealed in another poem of *Libertinagem*, "O cacto" ("The cactus"), in which Bandeira reshapes the Symbolist inheritance:

That cactus there reminded us of the strenuous gestures of
                                                          statues:
Laocoön strangled by serpents,

Ugolino and his starving sons.
It evoked as well the dry Northeast, the palm trees, the
                                                    sawgrass...
It was enormous, even for this exceptional and extravagant
                                                    land.

One day, it was uprooted by a furious gale.
The cactus fell across the street,
smashed the eaves of houses on the other side,
blocked trolleys, wagons, cars, carriages,

and snapped power lines, depriving the city of light and
                                power for twenty-four hours:

It was gorgeous, obdurate, harsh.
                        (Slavitt's translation)

Bandeira's new muscular diction could hardly be more evident, with its references to the "gorgeous," even monstrous, obduracy and harshness of a survivor. If the theme of survival had been essential to Bandeira's life, by the time of the writing of this poem in 1925 it had also become integrated into his poetics. The cactus dies during a gale, but felled by its own strength rather than by a disease. Life is difficult and dangerous, but there are victories, the poet writes.

Modernism was responsible for granting Bandeira a new set of weapons and tools with which to make and defend his life and poetry. His tragic sense of life is the most beautiful that Brazilian poetry has to offer. It should not be confused with the mere singing of life's beauty. If Bandeira brags a little at his readiness to face death in lines such as those from "Supper" ("Consoada," of *Opus 10,* 1953)–"When the Uninvited Guest arrives/ (not menacing, almost gentle/ (...) She will find the fields all in order, the house neat/ the table set,/ and everything in its correct place" (Slavitt's translation)—he also communicates an acceptance of death and dying that remains possibly the most crucial in Brazilian literature. In "Preparation for Death" he calls the end of life "blessed," for if "life is a miracle,"

—Blessed be death, which is the end of all miracles.

For this survivor, to die "The absolute death" ("A morte absoluta," from *Lira dos cinqüent'anos* [*Lyre of the Fifty Years Old*], 1940), becomes the utmost goal:

> To die so completely
> that one day, reading your name on a paper,
> they'll have to ask, "Who was that..."
>
> To die even more completely than that,
> —without leaving a name.
> (Slavitt's translation)

Bandeira was an immensely cultivated poet. Glimpses of the depth of his cultural sophistication may come explicitly—as is the case with the references to the famous statuary groups in "Cactus"—or they can be more subtly implied, as in the lines above, which recover much of the deeply Catholic Iberian tragic conception and defense of anonymity and human frailty: the *vanitas*. Actually, his engagement with "culture" did not simply lead to "cultural" references, but to a kind of spiritual exegesis on various areas of human experience. In this sense, Bandeira is not a poet who parodies the past though evocation, emulation, or quotation, but instead one who aims at inhabiting the past, through the respectful molding of tradition in his own terms. In this sense, he was not only a "Modernist" (i.e., iconoclast) poet, but also a "modern" one. One example: his treatment of the Gallician-Portuguese "cantigas" (XII-XIV centuries) in some poems, such as "Cossante" (from *Lira dos cinqüent'anos*)—a form of "cantiga", with parallel rhyming verses and a short, exclamative refrain. Instead of simply imitating the medieval *topos*, the feeling of loneliness in front of the sea, present throughout the poem, Bandeira recreates it, setting forth a neologism as a refrain ("Ai, Avatlântica!").

If he had a sensibility for re-shaping the tradition, he had eyes to see Brazil and the Brazilians in a way that became paradigmatic–or better, that we understand as "wholly" today. What comes out of Bandeira's vision is a country so beautiful that it often hurts (or even blinds) the reader who dares to engage it directly. If his seeing is lyrical, it is also sociological. Thus, Bandeira constantly draws from the daily news, extracting literary *objets trouvés*. This is the bittersweet meaning of poems such as "Brazilian Tragedy" ("Tragédia brasileira," from *Estrela da manhã* [*Morning Star*], 1936). Even more so in "Poem Made from a Newspaper Item" ("Poema tirado de uma notícia de jornal," from *Libertinagem*), in which one João Gostoso (say, "John Yummy-Yummy") sings, dances, then drowns himself in the Rodrigo de Freitas Lagoon.

What is at stake here is the definitive drawing of a collective face, that is painful looking and excessive, and of a bigger-than-life collective body which does not, knows not, and can not stay inside itself: in short, Brazil's Passion and Glory.

A difficult life won, a good death beseeched and at the final hour, also won, a collective role intensely, masterly played: what else could a Poet desire? I have always considered Bandeira under the notion of *sagesse*. Wisdom became his realm, and Pasárgada his escape; like Yeats, he found his Byzantium. Unlike João Gostoso, Bandeira was able to drown himself in reality, then flee daily to re-emerge, phoenix-like, to an ironic dreamland concocted under the fantastic aegis of Cyrus the Great. Immodest as it may sound, as a poet I want more than anything to become someone wise. If there is hope for this in my destiny, then Bandeira is my ally–and an ally for all who share this goal. First lesson: Manuel Bandeira never claimed nor accepted the status of a "major" poet. He always wanted, not out of (false) modesty but of wisdom, to be an outstanding "minor" one. *Vanitas*: he knew his place, he had made a truce with death and would never fall to a surrogate profile, enticing as it was. A very crafty poet and an excellent artist, his strength derived from his humanity proper. Bandeira's gift to posterity is, in this sense, as poetic as it is ethical.

The present selection puts the North American reader in contact with one of the most important voices from the "archive" of the Brazilian poetry. Bandeira's remains one of the most resonant of Brazilian voices, past and present. Although a few poems by Manuel Bandeira were translated by Elizabeth Bishop in her important collection of Brazilian poetry published in the 1970's, the present volume is significantly more representative of his work. Credit is due to David Slavitt, the translator, and Stanley Moss, the editor, for this volume.

Horácio Costa,*
São Paulo, October 15, 2002

*Horácio Costa, the Brazilian poet, teaches at the University of São Paulo and the National University in Mexico.

1

PREPARAÇÃO PARA A MORTE

A vida é um milagre.
Cada flor,
Com sua forma, sua cor, seu aroma,
Cada flor é um milagre.
Cada pássaro,
Com sua plumagem, seu vôo, seu canto,
Cada pássaro é um milagre.
O espaço, infinito,
O espaço é um milagre.
O tempo, infinito,
O tempo é um milagre.
A memória é um milagre.
A consciência é um milagre.
Tudo é milagre.
Tudo, menos a morte.
–Bendita a morte, que é o fim de todos os milagres.

PREPARATION FOR DEATH

Life is a miracle:
every flower,
with its shape, its color, its aroma,
every flower is a miracle;
every sparrow,
with its feathers, its flight, its song,
every flower is a miracle.
The infinity of space
(space is a miracle);
the infinity of time
(time is a miracle).
Memory is a miracle.
Consciousness is a miracle.
Everything is a miracle,
everything except death.
–Blessed be death, which is the end of all miracles.

A MÁRIO DE ANDRADE AUSENTE

Anunciaram que você morreu.
Meus olhos, meus ouvidos testemunham:
A alma profunda, não.
Por isso não sinto agora a sua falta.

Sei bem que ela virá
(Pela força persuasiva do tempo).
Virá súbito um dia,
Inadvertida para os demais.
Por exemplo assim:
À mesa conversarão de uma coisa e outra.
Uma palavra lançada à toa
Baterá na franja dos lutos de sangue,
Alguém perguntará em que estou pensando,
Sorrirei sem dizer que em você
Profundamente.

Mas agora não sinto a sua falta.

(É sempre assim quando o ausente
Partiu sem se despedir:
Você não se despediu.)

Você não morreu: ausentou-se.
Direi: Faz temp que ele não escreve.
Irei a São Paulo: você não virá ao meu hotel.
Imaginarei: Está na chacrinha de São Roque.

Saberei que não, você ausentou-se. Para outra vida?
A vida é uma só. A sua continua
Na vida que você viveu.
Por isso não sinto agora a sua falta.

4

TO MARIO DE ANDRADE, ABSENT

They announced that you were dead.
My eyes, my ears understood it,
but my soul, no,
which is why, so far, I don't miss you.

I will, I know,
because time is eventually persuasive.
Suddenly, I will feel it one day,
without any particular reason.
Think, for example,
how they'll talk at dinner about something or other,
and some randomly spoken word
will ruffle the fringes of mourning for one of the family.
Someone will ask me what I'm thinking,
and I'll smile without saying anything,
but profoundly.

Still, at the moment, I don't miss you.

(It's always like that when the one who is absent
leaves without saying good-bye.
You didn't say good-bye.)

You didn't die: you went away.
I'll say, "It's been a while since he's written."
Or I'll go to São Paulo: you won't visit at my hotel,
and I'll tell myself, "He's at the country house in São Roque."
But I'll know it is not true. I'll know you've left. For another
life?

Life is what it is. And yours goes on,
a continuation of the life you've lived.
That's why, so far, I don't miss you.

A MORTE ABSOLUTA

Morrer.
Morrer de corpo e de alma.
Completamente.

Morrer sem deixar o triste despojo da carne,
A exangue máscara de cera,
Cercada de flores,
Que apodrecerão – felizes! – num dia,
Banhada de lágrimas
Nascidas menos da saudade do que do espanto da morte.

Morrer sem deixar porventura uma alma errante…
A caminho do céu?
Mas que céu pode satisfazer teu sonho de céu?

Morrer sem deixar um sulco, um risco, uma sombra,
A lembrança de uma sombra
Em nenhum coração, em nenhum pensamento.
Em nenhuma epiderme.

Morrer tão completamente
Que um dia ao lerem o teu nome num papel
Perguntem: "Quem foi?…"

Morrer mais completamente ainda,
–Sem deixar sequer esse nome.

ABSOLUTE DEATH

To die.
To die body and soul,
completely.

To die without leaving the sad remains of flesh,
the bloodless mask of wax
encircled by flowers
that will rot away – lucky for them – in a day,
bathed in tears
that well up less from grief than the fear of death.

To die without leaving behind, peradventure, some lost soul…
On the road to heaven?
What heaven could live up to your dream of heaven?

To die without leaving a mark, a trace, a shadow,
the memory of a shadow
in anyone's heart, in anyone's head,
on anyone's skin.

To die so completely
that one day, reading your name on a paper,
they'll have to ask, "Who was that?…"

To die even more completely than that,
–without leaving a name.

NOITE MORTA

Noite morta.
Junto ao poste de iluminação
Os sapos engolem mosquitos.

Ninguém passa na estrada.
Nem um bêbado.

No entanto há seguramente por ela uma procissão de sombras.
Sombras de todos os que passaram.
Os que ainda vivem e os que já morreram.

O córrego chora.
A voz da noite...

(Não desta noite, mas de outra maior.)

DEAD OF NIGHT

Dead of night.
Near the lamp post
the toads gobble mosquitoes.

No one passes by on the street,
not even a drunk.

And still, there is somehow a procession of shadows,
shadows of all those who have passed by,
those who are still alive and those who are already dead.

The gutter is wet as if with tears.
The voice of the night…

(No, not this night, but another, larger.)

O ANJO DA GUARDA

Quando minha irmã morreu,
(Devia ter sido assim)
Um anjo moreno, violento e bom, – brasileiro –

Veio ficar ao pé de mim.
O meu anjo da guarda sorriu
E voltou para junto do Senhor.

GUARDIAN ANGEL

When my little sister died
(this was how it had to be)
an angel, dark, violent, but kindly – Brazilian –

came to stand near me.
My guardian angel smiled
and then returned to the company of the Lord.

JACQUELINE

Jacqueline morreu menina.
Jacqueline morta era mais bonita do que os anjos.
Os anjos!... Bem sei que não os há em parte alguma.
Há é mulheres extraordinariamente belas que morrem ainda
                                                    meninas.

Houve tempo em que olhei para os teus retratos de menina como
          olho agora para a pequena imagem de Jacqueline morta.

Eras tão bonita!
Eras tão bonita, que merecerias ter morrido na idade de Jacqueline

Pura como Jacqueline.

JACQUELINE

Jacqueline died, a little girl,
and the dead Jacqueline was prettier than the angels.
The angels!... I know perfectly well there aren't any,
but let us imagine them as extraordinarily beautiful women who
                                                    died as girls.

There was a time when I looked at pictures of you as a girl
                the way I look at the portrait of the dead Jacqueline.

You were so pretty!
You were so pretty you deserved to die at the same age Jacqueline
                                                    did.

Pure as Jacqueline.

MOMENTO NUM CAFÉ

Quando o enterro passou
Os homens que se achavam no café
Tiraram o chapéu maquinalmente
Saudavam o morto distraídos
Estavam todos voltados para a vida
Absortos na vida
Confiantes na vida.

Um no entanto se descobriu num gesto largo e demorado
Olhando o esquife longamente
Este sabia que a vida é uma agitação feroz e sem finalidade
Que a vida é traição
E saudava a matéria que passava
Liberta para sempre da alma extinta.

14

CAFÉ MOMENT

As the cortège passed by,
the men who at that moment were in the café
tipped their hats without thinking
in an automatic salute to the departed:
they were involved in life,
absorbed in life,
confident of life.

But one uncovered in a grand gesture, slow and deliberate,
and stared after the coffin a long time.
This man knew how life is a torment, savage and without purpose,
that life is a hoax,
and he saluted the body that passed by
free now and forever of the extinguished soul.

POEMA TIRADO DE UMA NOTÍCIA DE JORNAL

João Gostoso era carregador de feira livre e morava no morro
                    da Babilônia num barracão sem número.
Uma noite ele chegou no bar Vinte de Novembro
Bebeu
Cantou
Dançou
Depois se atirou na Lagoa Rodrigo de Freitas e morreu afogado.

POEM MADE FROM A NEWSPAPER ITEM

João Gostoso was a porter in the open-air market who lived in an
                              unnumbered shack on Babylon Hill.
One night he went to the November Twentieth Bar
drank
sang
danced
then threw himself into the Rodrigo Freitas Lagoon and drowned.

POEMA DESENTRANHADO DE UMA PROSA DE AUGUSTO FREDERICO SCHMIDT

A luz da tua poesia é triste mas pura.
A solidão é o grande sinal do teu destino.
O pitoresco, as cores vivas, o mistério e calor dos outros seres te
                                          interessam realmente
Mas tu estás apartado de tudo isso, porque vives na companhia
                                    dos teus desaparecidos,
Dos que brincaram e cantaram um dia à luz das fogueiras
                                            de S. João
E hoje estão para sempre dormindo profundamente.
Da poesia feita como quem ama e quem morre
Caminhaste para uma poesia de quem vive e recebe a tristeza
Naturalmente
—Como o céu escuro recebe a companhia das primeiras estrelas.

POEM TEASED OUT OF A PROSE PIECE BY AUGUSTO FREDERICO SCHMIDT

The light of your poems is sad but pure.
Solitude is the grand sign of your destiny.
The picturesque, the living colors, the mystery and heat of others
                                     really engages you,
but you remain aloof from all this because you live in the
                                     company of your dead,
those who frolicked and sang by the light of the St. John's
                                     bonfires
but who now are in a profound and eternal slumber.
From the poetry of a man who loves and dies, you have gone on
to that of a man who lives, receiving sorrow as naturally
as the darkened sky receives the company of the first stars.

ANTÔNIA

Amei Antônia de maneira insensata.
Antônia morava numa casa que para mim não era casa, era um
empíreo.

Mas os anos foram passando.
Os anos são inexoráveis.
Antônia morreu.
A casa em que Antônia morava foi posta abaixo.
Eu mesmo já não sou aquele que amou Antônia e que Antônia
não amou.

Aliás, previno, muito humildemente, que isto não é crônica nem
poema.

É, apenas
Uma nova versão, a mais recente, do tema *ubi sunt*,
Que dedico, ofereço e consagro
A meu dileto amigo Augusto Meyer.

ANTÔNIA

I was crazy in love with Antônia.
Antônia lived in a house that was more than a house: for me it
                                          was heaven.

But the years pass
and the years are inexorable.
Antônia died.
The house Antônia lived in got torn down.
I am no longer that young man who loved Antônia and whom
                                   Antônia didn't love.

This isn't any kind of a story or poem.

What it is
is a new version, the most recent, of the *ubi sunt* theme,
which I dedicate and submit and offer
to my dear friend Augusto Meyer.

ORAÇÃO A NOSSA SENHORA DA BOA MORTE

Fiz tantos versos a Teresinha...
Versos tão tristes, nunca se viu!
Pedi-lhe coisas. O que eu pedia
Era tão pouco! Não era glória...
Nem era amores... Nem foi dinheiro...
Pedia apenas mais alegria:
Santa Teresa nunca me ouviu!

Para outras santas voltei os olhos.
Porém as santas são impassíveis
Como as mulheres que me enganaram.
Desenganei-me das outras santas
(Pedi a muitas, rezei a tantas)
Até que um dia me apresentaram
A Santa Rita dos Impossíveis.

Fui despachado de mãos vazias!
Dei volta ao mundo, tentei a sorte.
Nem alegrias mais peço agora,
Que eu sei o avesso das alegrias.
Tudo que viesse, viria tarde!
O que na vida procurei sempre,
—Meus impossíveis de Santa Rita—
Dar-me-eis um dia, não é verdade?
Nossa Senhora da Boa Morte!

PRAYER TO OUR LADY OF THE GOOD DEATH

I wrote so many verses to little Teresa...
Sadder verses you never saw!
I asked for things. Oh, I requested
such small favors! Not glory,
not love, and not money.
All I wanted was a little more happiness.
But Santa Teresa never heard my prayers.

To other saints, then, I turned my eyes,
but they were indifferent too,
like all those women who deceived me,
and I lost faith in them all.
(I'd pleaded with so many of them and prayed so much.)
Then, one day, they referred me
to Santa Rita of the Impossibilities.

I was dismissed, empty handed.
I went around the world, trying my luck.
I don't ask for happiness anymore,
because I have seen the other side of it.
And if any of those prayers were granted now,
it would be too late.
Now, I have only one last request for Santa Rita,
(You'll grant it this time, won't you?)
Our Lady of the Good Death!

CANÇÃO DO SUICIDA

Não me materei, meus amigos.
Não o farei, possivelmente.
Mas que tenho vontade, tenho.
Tenho, e, muito curiosamente,

Com um tiro. Um tiro no ouvido,
Vingança contra a condição
Humana, ai de nós! sobre-humana
De ser dotado de razão.

SONG OF A SUICIDE

I'm not about to kill myself, my friends,
I couldn't possibly do it. Can I? I can't...
But I have the desire. I do, I think about it.
And curiously enough it's attractive, piquant.

With a shot? In the temple? Or maybe into the ear?
In splendid vengeance, against... Say, the human condition,
whatever that is. Or the superhuman: we're given
the paradoxical powers of reasoned cognition.

PARDALZINHO

O pardalzinho nasceu
Livre. Quebraram-lhe a asa.
Sacha lhe deu uma casa,
Água, comida e carinhos.
Foram cuidados em vão:
A casa era uma prisão,
O pardalzinho morreu.
O corpo Sacha enterrou
No jardim; a alma, essa voou
Para o céu dos passarinhos!

SPARROW

The little sparrow was born free.
They broke his delicate wing, and he
would surely have died, but Sacha gave
it a house, and water and food – to save
its life, but all in vain. He tried,
but the house was a prison: the sparrow died,
and Sacha buried it in a hole –
the body that is, for the small bird's soul
flew upward, wheeling and soaring high,
restored to its habitat of sky.

MOZART NO CÉU

No dia 5 de dezembro de 1791 Wolfgang Amadeus Mozart
        entrou no céu, como um artista de circo, fazendo piruetas
        extraordinárias sobre um mirabolante cavalo branco.

Os anjinhos atônitos diziam: Que foi? Que foi?
Melodias jamais ouvidas voavam nas linhas suplementares
                                        superiores da pauta.

Um momento se suspendeu a contemplação inefável.
A Virgem beijou-o na testa
E desde então Wolfgang Amadeus Mozart foi o mais moço dos
                                        anjos.

MOZART IN HEAVEN

On the fifth day of December of 1791, Wolfgang Amadeus Mozart
                entered heaven like a circus performer, performing grand
                pirouettes on the back of a marvelous white horse.
Astonished, the little angels asked, "What can that be? What can't
                                                    that be?"
Melodies never heard before flew up over the lines of the musical
                                                    staff.
For a moment, heaven's ineffable contemplation was interrupted.
The Virgin kissed him on the head
and from then on, Wolfgang Amadeus Mozart was the youngest
                                                    angel.

CONSOADA

Quando a Indesejada das gentes chegar
(Não sei se dura ou caroável),
Talvez eu tenha medo.
Talvez sorria, ou diga:
                         – Alô, iniludível!
O meu dia foi bom, pode a noite descer.
(A noite com os seus sortilégios.)
Encontrará lavrado o campo, a casa limpa,
A mesa posta,
Com cada coisa em seu lugar.

SUPPER

When the Uninvited Guest arrives
(not menacing, almost gentle)
I may be afraid.
Perhaps I'll smile or say,

                "Hello, Inescapable.
It was a good day, and now night can come."
(The night with its magic.)
She will find the fields all in order, the house neat,
the table set,
and everything in its correct place.

PROFUNDAMENTE

Quando ontem adormeci
Na noite de São João
Havia alegria e rumor
Estrondos de bombas luzes de Bengala
Vozes cantigas e risos
Ao pé das fogueiras acesas.

No meio da noite despertei
Não ouvi mais vozes nem risos
Apenas balões
Passavam errantes
Silenciosamente
Apenas de vez em quando
O ruído de um bonde
Cortava o silêncio
Como um túnel.
Onde estavam os que há pouco
Dançavam
Cantavam
E riam
Ao pé das fogueiras acesas?

– Estavam todos dormindo
Estavam todos deitados
Dormindo
Profundamente

****

Quando eu tinha seis anos
Não pude ver o fim da festa de São João
Porque adormeci

PROFOUNDLY

When I fell asleep yesterday
on Saint John's Eve,
there was laughter and tumult,
the racket of fireworks and sparklers,
shouts, songs, and laughter
in the glare of bonfires.

In the middle of the night, I awoke,
but no more voices, no laughter.
Only a stray balloon
drifted across the sky
in silence.
Only, now and again
the clang of a tramcar
broke the silence –
abruptly, as if we'd entered a tunnel.
Where were all those people
who only a little while ago
were dancing,
singing,
laughing
in the glare of bonfires?

They were all sleeping,
They were all stretched out,
sleeping,
profoundly.

****

When I was six years old
I could not stay up to the end of the Saint John's Eve fiesta.
I fell asleep.

Hoje não ouço mais as vozes daquele tempo
Minha avó
Meu avô
Tonônio Rodrigues
Tomásia
Rosa
Onde estão todos eles?
– Estão todos dormindo
Estão todos deitados
Dormindo
Profundamente.

Today, I can't hear any of those old voices,
my grandmother,
my grandfather,
Totônio Rodrigues,
Tomásia,
Rosa…
Where are they all?
They are all sleeping,
They are all stretched out,
sleeping,
profoundly.

2

BODA ESPIRITUAL

Tu não estás comigo em momentos escassos:
No pensamento meu, amor, tu vives nua
– Toda nua, pudica e bela, nos meus braços.

O teu ombro no meu, ávido, se insinua.
Pende a tua cabeça. Eu amacio-a... Afago-a...
Ah, como a minha mão treme... Como ela é tua...

Põe no teu rosto o gozo uma expressão de mágoa.
O teu corpo crispado alucina. De escorço
O vejo estremecer como uma sombra n'água.

Gemes quase a chorar. Suplicas com esforço.
E para amortecer teu ardente desejo
Estendo longamente a mão pelo teu dorso...

Tua boca sem voz implora em um arquejo.
Eu te estreito cada vez mais, e espio absorto
A maravilha astral dessa nudez sem pejo...

E te amo como se ama um passarinho morto.

WEDDING OF THE SPIRIT

You are not with me just in random moments,
but live in my mind always, my love, naked
– totally naked, chaste and gorgeous, in my arms.

Your shoulder, close to mine, rubs against me.
You bow your head, and I caress it, stroke it,
and my hand trembles... As if it were your own.

In pleasure, your face takes on an expression of sorrow.
Your body tenses and fills me with such desire
that I can see it shimmer as if reflected in water.

Your low moan is nearly a sob. You plead,
and to soothe your sweet and ardent yearning,
I trail my fingertip down the curve of your back...

Your mouth, without a word, pleads. You sigh,
and I hold you closer, and, as if I were in a trance,
I marvel at this glorious shameless nudity,

and love you as one loves a small, dead bird.

PEREGRINAÇÃO

Quando olhada de face, era um abril.
Quando olhada de lado, era um agosto.
Duas mulheres numa: tinha o rosto
Gordo de frente, magro de perfil.

Fazia as sobrancelhas como um til;
A boca, como um o (quase). Isto posto,
Não vou dizer o quanto a amei. Nem gosto
De me lembrar, que são tristezas mil.

Eis senão quando um dia… Mas, caluda!
Não me vai bem fazer uma canção
Desesperada, como fez Neruda.

Amor total e falho… Puro e impuro…
Amor de velho adolescente… E tão
Sabendo a cinza e a pêssego maduro…

PILGRIMAGE

From the front, she was an April,
From the side, she was an August.
Two altogether different women,
Full head on, but thin in profile.

She had plucked her eyebrows into a tilde;
Her mouth was like an O (nearly). Having said which,
I won't talk about how much I loved her. I don't like it,
Recollecting a thousand sorrows.

I'll say this, that one day… But never mind.
I'm not going to do one of those complaints,
One of those plangent pieces Neruda writes.

Love, total and partial… Pure and impure…
Love of an elderly adolescent… Vivid
With the taste of ashes and ripe peaches…

NU

Quando estás vestida,
Ninguém imagina
Os mundos que escondes
Sob as tuas roupas.

(Assim, quando é dia,
Não temos noção
Dos astros que luzem
No profundo céu.

Mas a noite é nua,
E, nua na noite,
Palpitam teus mundos
E os mundos da noite.

Brilham teus joelhos,
Brilha o teu umbigo,
Brilha toda a tua
Lira abdominal.

Teus seios exíguos
– Como na rijeza
Do tronco robusto
Dois frutos pequenos –

Brilham.) Ah, teus seios!
Teus duros mamilos!
Teu dorso! Teus flancos!
Ah, tuas espáduas!

NAKED

When you are dressed,
no one could imagine
what worlds you hide
beneath your clothes –

as we cannot, in daylight,
begin to imagine
those stars that shine
from deep in the skies.

But the night is naked,
and, naked, at night,
your worlds and those
of the night throb.

Your knees gleam,
your navel gleams,
the whole lyre
of your belly gleams.

Your small breasts,
hanging like two
delectable fruits
on a robust trunk,

shine. Ah, your breasts!
Your perky nipples!
Your back! Your flanks!
And, ah, your shoulders!

Se nua, teus olhos
Ficam nus também:
Teu olhar, mais longe,
Mais lento, mais líquido.

Então, dentro deles,
Bóio, nado, salto,
Baixo num mergulho
Perpendicular.

Baixo até o mais fundo
De teu ser, lá onde
Me sorri tu'alma
Nua, nua, nua...

When you are naked,
your eyes are also
naked, your slower
gaze is more liquid.

And in them I drift,
I swim, splash,
and dive in deep
perpendicular dives.

I descend to the depths
of your being: your soul
smiles up at mine,
naked, naked, naked…

ESTRELA DA MANHÃ

Eu quero a estrela da manhã
Onde está a estrela da manhã?
Meus amigos meus inimigos
Procurem a estrela da manhã

Ela desapareceu ia nua
Desapareceu com quem?
Procurem por toda parte

Digam que sou um homem sem orgulho
Um homem que aceita tudo
Que me importa?
Eu quero a estrela da manhã

Três dias e três noites
Fui assassino e suicida
Ladrão, pulha, falsário

Virgem mal-sexuada
Atribuladora dos aflitos
Girafa de duas cabeças
Pecai por todos pecai com todos

Pecai com os malandros
Pecai com os sargentos
Pecai com os fuzileiros navais
Pecai de todas as maneiras

Com os gregos e com os troianos
Com o padre e com o sacristão
Com o leproso de Pousa Alto

MORNING STAR

I want the morning star
But where is the morning star?
My friends, my enemies
all seek the morning star

She left naked,
but with whom did she go?
Look everywhere for her

Call me a man without pride,
a man who will put up with anything
What do I care?
I want the morning star

For three days and three nights
I was a killer, a suicide,
a thief, a lay-about, a con-man

A virgin hermaphrodite,
a disgrace to the afflicted
a giraffe with two heads
Oh, sin for all, and sin with all.

Sin with the villains
sin with the sergeants
sin with the marines
sin five ways to Thursday
with the Greeks, with the Trojans,
with the priest and the sacristan,
with the leper from Pouso Alto

Depois comigo

Te esperarei com mafuás novenas cavalhadas comerei terra e direi
coisas de uma ternura tão simples

Que tu desfalecerás

Procurem por toda parte
Pura ou degradada até a última baixeza
Eu quero a estrela da manhã.

Come sin with me

I'll wait for you in the amusement parks, at novenas, and at the
cavalcades, I'll eat dirt, and whisper tender nothing

You'll pass out

Look everywhere,
pure or in ultimate and deepest degradation
I want the morning star.

PORQUINHO-DA-ÍNDIA

Quando eu tinha seis anos
Ganhei um porquinho-da-índia.
Que dor de coração me dava
Porque o bichinho só queria estar debaixo do fogão!
Levava ele pra sala
Pra os lugares mais bonitos mais limpinhos
Ele não gostava:
Queria era estar debaixo do fogão.
Não fazia caso nenhum das minhas ternurinhas...

O meu porquinho-da-índia foi a minha primeira namorada.

GUINEA PIG

When I was six years old,
they gave me a guinea pig.
What heartache it brought me –
all the little beast wanted to do was hide under the stove!
I brought it into the living room
to the nicest, neatest parts of the house,
but all it wanted was to hide under the stove.
It didn't pay the slightest attention to any of my caresses.

That guinea pig was my first romance.

NA BOCA

Sempre tristíssimas estas cantigas de carnaval
Paixão
Ciúme
Dor daquilo que não se pode dizer

Felizmente existe o álcool na vida
E nos três dias de carnaval éter de lança-perfume
Quem me dera ser como o rapaz desvairado!
O ano passado ele parava diante das mulheres bonitas
E gritava pedindo o esguicho de cloretilo:
Na boca! Na boca!
Umas davam-lhe as costas com repugnância
Outras porém faziam-lhe a vontade.

Ainda existem mulheres bastante puras para fazer vontade aos viciados
Dorinha meu amor...

Se ele fosse bastante pura eu iria agora gritar-lhe como o outro:
Na boca! Na boca!

IN THE MOUTH

These carnival songs always seem so sad:
passion,
jealousy,
and the pain of what one cannot say.

Happily, there is always alcoholism.
And in those three days of carnival, there is the perfumed ether
revelers squirt at each other.
My ambition is to be like that nutcase kid...
Last year he accosted the pretty women
asking for some of that ether
"In the mouth! In the mouth!"
Some turned away from him, repelled,
but some gave him what he asked for.

There are still women pure enough to want to please an addict.

Dorinha, my sweet...

If she were pure enough, I'd bawl at her just like that kid:
"In the mouth! In the mouth!"

D. JANAÍNA

D. Janaína
Sereia do mar
D. Janaína
De maiô encarnado
D. Janaína
Vai se banhar.

D. Janaína
Princesa do mar
D. Janaína
Tem muitos amores
É o rei do Congo
É o rei de Aloanda
É o sultão-dos-matos
É S. Salavá!

Saravá saravá
D. Janaína
Rainha do mar!

D. Janaína
Princesa do mar
Dai-me licença
Pra eu também brincar
No vosso reinado.

DONA JANAÍNA

Dona Janaína
siren, demi-goddess
Dona Janaína
of the glorious bodice
so svelte and trim
Dona Janaína
goes for a swim

Dona Janaína
no one's caught her
Dona Janaína
ask any suitor,
the King of the Congo
the Sultan of Brunei
the King of Alonada
all offer to die

Three cheers, gentlemen,
do your duty
to Dona Janaína
bathing beauty

Dona Janaína
princess of the sea,
I ask you, please, a
smile, a glance, a visa
for me

MADRIGAL TÃO ENGRAÇADINHO

Teresa, você é a coisa mais bonita que eu vi até hoje na minha
        vida, inclusive o porquinho-da-índia que me deram
        quando eu tinha seis anos.

A MADRIGAL, MODEST BUT SINCERE

Teresa, you are the loveliest thing I've seen in my whole life,
                    even including that guinea pig they gave me
                    back when I was six years old.

COSSANTE

Ondas da praia onde vos vi,
Olhos verdes sem dó de mim,
     Ai Avatlântica!

Ondas da praia onde morais,
Olhos verdes intersexuais.
     Ai Avatlântica!

Olhos verdes sem dó de mim,
Olhos verdes, de ondas sem fim,
     Ai Avatlântica!

Olhos verdes, de ondas sem dó,
Por quem me rompo, exausto e só
     Ai Avatlântica!

Olhos verdes, de ondas sem fim,
Por quem jurei de vos possuir,
     Ai Avatlântica!

Olhos verdes sem lei nem rei,
Por quem juro vos esquecer,
     Ai Avatlântica!

COSSANTE

Waves of the beach where I saw you,
green eyes without pity for me,
      Ai Avatlântica!

Waves of the beach where you live,
transsexual green eyes.
      Ai Avatlântica!

Green eyes without pity for me,
green eyes, of waves without end,
      Ai Avatlântica!

Green eyes, of waves without pity,
in whom I plunge, exhausted and alone,
      Ai Avatlântica!

Green eyes, of waves without end,
For whom I swore to possess you,
      Ai Avatlântica!

Green eyes without law or king
For whom I swore to forget you,
      Ai Avatlântica!

BALADA DAS TRÊS MULHERES
DO SABONETE ARAXÁ

As três mulheres do sabonete Araxá me invocam, me bouleversam, me
                                                    hipnotizam.
Oh, as três mulheres do sabonete Araxá às 4 horas da tarde!
O meu reino pelas três mulheres do sabonete Araxá!

Que outros, não eu, a pedra cortem
Para brutais vos adorarem,
Ó brancaranas azedas,
Mulatas cor da lua vêm saindo cor de prata
Ou celestes africanas:

Que eu vivo, padeço e morro só pelas três mulheres do sabonete Araxá!
São amigas, são irmãs, são amantes as três mulheres do sabonete Araxá?
São prostitutas, são declamadoras, são acrobatas?
São as três Marias?

Meu Deus, serão as três Marias?

A mais nua é doirada borboleta.
Se a segunda casasse, eu ficava safado da vida, dava pra beber e nunca
                                                    mais telefonava.
Mas se a terceira morresse… Oh, então, nunca mais a minha vida
                                                    outrora teria sido um festim!

Se me perguntassem: Queres ser estrela? queres ser rei? queres uma ilha
                                    no Pacífico? um bangalô em Copacabana?
Eu responderia: Não quero nada disso, tetrarca. Eu só quero as três
                                                    mulheres do sabonete Araxá:
O meu reino pelas três mulheres do sabonete Araxá!

BALLAD OF THE THREE ARAXÁ SOAP WOMEN

The three women on the Araxá soap label call out to me, hypnotize me,
knock me out.
Oh, the three Araxá soap women at four o'clock in the afternoon!
My kingdom for the three Araxá soap women!

Let others, not me, hack through stone
to adore you tough broads.
O tart tarts,
silvery mulattas, moon colored,
celestial Africanas…
I live, I yearn, I die for the three Araxá soap women, and only for them.
Are they friends, sisters, lovers, the three Araxá soap women?
Are they whores? Orators? Are they acrobats?
Are they the three Marys?

(Good God, could they be the three Marys?)

The nakedest of the three is a golden butterfly.
If the second were to get married, I'd give up on life, would take to
drinking, would stop answering the phone.
But if the third one died… O, then my life would never again know
celebrations.
If they ask me, "Would you like to be a star? A king? An island in the
Pacific? A Copacabana bungalow?"
I'd answer, "Nothing of the sort, your excellency. All I want is the three
Araxá soap women."

My kingdom for the three Araxá soap women!

ARTE DE AMAR

Se queres sentir a felicidade de amar, esquece a tua alma,
A alma é que estraga o amor.
Só em Deus ela pode encontrar satisfação.
Não noutra alma.
Só em Deus – ou fora do mundo.
As almas são incomunicáveis.
Deixa o teu corpo entender-se com outro corpo.
Porque os corpos se entendem, mas as almas não.

ART OF LOVE

If you want to know the happiness of love, forget about your soul.
The soul is what wastes love.
Only in God is it able to find satisfaction,
not in another soul.
Only in God – or out of this world.
Souls can't communicate.
Let your body get close to another body,
because bodies get close: souls don't.

3

A MATA

A mata agita-se, revoluteia, contorce-se toda e sacode-se!
A mata hoje tem alguma coisa para dizer.
E ulula, e contorce-se toda, como a atriz de uma pantomima trágica.
Cada galho rebelado
Inculca a mesma perdida ânsia.
Todos eles sabem o mesmo segredo pânico.
Ou então – é que pedem desesperadamente a mesma instante coisa.

Que saberá a mata? Que pedirá a mata?
Pedirá água?
Mas a água despenhou-se há pouco, fustigando-a, escorraçando-a,
                                    saciando-a como aos alarves.
Pedirá o fogo para a purificação das necroses milenárias?
Ou não pede nada, e quer falar e não pode?
Terá surpreendido o segredo da terra pelos ouvidos finíssimos das suas
                                                    raízes?

A mata agita-se, revoluteia, contorce-se toda e sacode-se!
A mata está hoje come uma multidão em delírio coletivo.

Só uma touça de bambus, à parte,
Balouça… levemente… levemente… levemente…
E parece sorrir do delírio geral.

THE WOODS

The woods are tossing and turning, they shake and writhe
as if today the woods were troubled in their mind
so that they howl and emote like some old-fashioned actress.
Each extravagant branch
gestures as if in fear.
The same secret panic has possessed them all,
or is it that they all desperately seek the same thing?

What could the woods know? What do they want?
Water, maybe?
But the rains came pouring down only a short while ago, beating
       them, uprooting them, satisfying their unquenchable thirst.
Is it fire that they want, to purify some ancient rot?
Or do they have no need except to speak to one another, which they can't?
Could they have overheard some secret of the earth, picking it up through
               their roots' amazingly delicate ear
The woods are tossing and turning, they shake and writhe.
The woods today are a mob in their collective madness.

But a lone clump of bamboo, a little apart,
sways lightly… lightly… lightly…
as if it were smiling at the general madness.

A ONDA

A O N D A
a onda anda
aonde anda
a onda?
a onda ainda
ainda onda
ainda anda
aonde?
aonde?
a onda a onda

THE WAVES

What does the sea say?
See! See!
And now?
Si, si.
So,
We nod and wave
at the waves we see,
and the waves of the sea
see and they wave,
and wave, and wave.

CANÇÃO DO VENTO E DA MINHA VIDA

O vento varria as folhas,
O vento varria os frutos,
O vento varria as flores...
  E a minha vida ficava
  Cada vez mais cheia
  De frutos, de flores, de folhas.

O vento varria as luzes,
O vento varria as músicas,
O vento varria as aromas…
  E a minha vida ficava
  Cada vez mais cheia
  De aromas, de estrelas, de cânticos.

O vento varria os sonhos
E varria as amizades…
O vento varria as mulheres…
  E a minha vida ficava
  Cada vez mais cheia
  De afetos e de mulheres.

O vento varria os meses
E varria os teus sorrisos…
O vento varria tudo!
  E a minha vida ficava
  Cada **vaz** mais cheia
  De tudo.

SONG OF THE WIND AND MY LIFE

The wind swept away the leaves,
The wind swept away the fruit,
The wind swept away the flowers...
       And my life became
       All the more full
       Of fruit, of flowers, of leaves.

The wind swept away the lights,
The wind swept away the music,
The wind swept away the perfume...
       And my life became
       All the more full
       Of perfume, of stars, of songs.

The wind swept away the dreams,
And swept away friendships...
The wind swept away the women.
       And my life became
       All the more full
       of love and of women.

The wind swept away the months
And swept away your smiles...
The wind swept everything away!
       And my life became
       All the more full
       Of everything.

SATÉLITE

Fim de tarde.
No céu plúmbleo
A Lua baça
Paira
Muito cosmograficamente
Satélite.

Desmetaforizada,
Desmitificada,
Despojada do velho segredo de melancolia,
Não é agora o golfão de cismas,
O astro dos loucos e dos enamorados.
Mas tão-somente
Satélite.

Ah Lua deste fim de tarde,
Demissionária de atribuições românticas,
Sem *show* para as disponibilidades sentimentais!

Fatigado de mais-valia,
Gosto de ti assim:
Coista em si,
– Satélite.

SATELLITE

Late afternoon.
In a leaden sky
the soiled Moon
hangs
very cosmographically –
a satellite.

No metaphor,
no myth,
stripped of its old secrets and melancholy,
no longer a gulf of dreams,
the star of lunatics and lovers,
but only what it is,
a satellite.

Ah, Moon of the late afternoon,
having quit your job as a romantic
without any care at all for your sentimental responsibilities…

But I, too, am weary of hype
and like you this way,
just as you are,
a satellite.

A REALIDADE E A IMAGEM

O arranha-céu sobe no ar puro lavado pela chuva
E desce refletido na poça de lama do pátio.
Entre a realidade e a imagem, no chão seco que as separa,
Quatro pombas passeiam.

REALITY AND IMAGE

The skyscraper soars into the clear air washed clean by the rain and descends to its reflection in a mud puddle in the courtyard. Between reality and image, on the dry ground between the two, four pigeons go for a walk.

LUA NOVA

Meu nova quarto
Virado para o nascente:
Meu quarto, de novo a cavaleiro da entrada da barra.

Depois de dez anos de pátio
Volto a tomar conhecimento da aurora.
Volto a banhar meus olhos no mênstruo incruento das
madrugadas.

Todas as manhãs o aeroporto em frente me dá lições de partir.

Hei de aprender com ele
A partir de uma vez
– Sem medo,
Sem remorso,
Sem saudade.

Não pensem que estou aguardando a lua cheia
– Esse sol da demência
Vaga e noctâmbula.
O que eu mais quero,
O de que preciso
É de lua nova.

76

NEW MOON

My new room
faces east.
In my room, once again, I am mounted over the harbor entrance.

After ten years of a courtyard,
The dawn and I become reacquainted.
I can bathe my eyes again in the bloodless tides of the sunrise.

Every morning, the airport across the road offers me lessons in
departure.

I shall learn with it
how to leave one time
without fear,
without remorse,
without regret.

Don't think that I wait for the full moon,
that sun of dementia,
vague and noctambular.
What I want the most,
what I need the most,
is the new moon.

VERDE-NEGRO

dever
     de ver
          tudo verde
          tudo negro
               verde-negro
                        muito verde
                        muito negro

ver de dia
     ver de noite
          verde noite
               negro dia
                    verde-negro

verdes vós
        verem eles
        virem eles
virdes vós
        verem todos

            tudo negro
            tudo verde
                    verde-negro

GREEN-BLACK

green
        grin
                all green
                all black
                        green-black
                                        very green
                                        very black
see the day
        see the night
                        a green night
                                a black day
                                        green-black
wait your turn
                turn around
                round the turn
I see

                I agree
                I am green
ay si
                I see all
                        all black
                        all green

                                        green-black

O GRILO

Grilo, toca aí um solo de flauta.
De flauta? Você me acha com cara de flautista?
A flauta é um belo instrumento. Não gosta?
Troppo dolce!

CRICKET

Cricket, play a solo on your flute.
Flute? What flute? Do you see any flute?
The flute is a splendid instrument. Don't you like it?
Nah. Too sweet. Nah.

O CACTO

Aquele cacto lembrava os gestos desesperados da estatuária:
Laocoonte constrangido pelas serpentes,
Ugolino e os filhos esfaimados.
Evocava tembém o seco nordeste, carnaubais, caatingas...
Era enorme, mesmo para esta terra de feracidades excepcionais.

Um dia um tafão furibundo abateu-o pela raiz.
O cacto tombou atravessado na rua,
Quebrou os beirais do casario fronteiro.
Impediu o trânsito de bonde, automóveis, carroças,
Arrebentou os cabos elétricos e durante vinte e quatro horas
                    privou a cidade de iluminação e energia:

Era belo, áspero, intratável.

THE CACTUS

That cactus there reminded us of the strenuous gestures of statues:
Laocoön strangled by serpents,
Ugolino and his starving sons.
It evoked as well the dry Northeast, palm trees, sawgrass...
It was enormous, even for this exceptional and extravagant land.

One day, it was uprooted by a furious gale.
The cactus fell across the street,
smashed the eaves of houses on the other side,
blocked trolleys, wagons, cars, carriages,
and snapped power lines, depriving the city of light and power
                                              for twenty four hours:

It was gorgeous, obdurate, harsh.

BELO BELO

Belo belo belo,
Tenho tudo quanto quero.

Tenho o fogo de constelações extintas há milênios.
E o risco brevíssimo – que foi? passou – de tantas estrelas
                                                    cadentes.

A aurora apaga-se,
E eu guardo as mais puras lágrimas da aurora.

O dia vem, e dia adentro
Continuo a possuir o segredo grande da noite.

Belo belo belo,
Tenho tudo quanto quero.

Não quero o êxtase nem os tormentos.
Não quero o que a terra só dá com trabalho.

As dádivas dos anojs são inaproveitáveis:
Os anjos não compreendem os homens.

Não quero amar,
Não quero ser amado.
Não quero combater,
Não quero ser soldado.

Quero a delícia de poder sentir as coisas mais simples.

BEAUTIFUL, BEAUTIFUL

Beautiful, beautiful, beautiful,
I have everything I want.

I have the fire of constellations extinct now for millennia
and the briefest glimpse – what's that? it's gone! – of so many
                                                    shooting stars.

The dawn fades away,
but I keep the purity of its tears.

Day comes, and all day long
I hold onto the grand secret of night.

Beautiful, beautiful, beautiful,
I have everything I could want.

I don't want ecstasy or torments.
I don't want what the earth yields only to hard labor.

The gifts of the angels are irrelevant.
Angels don't understand about men.

I don't want to love,
I don't want to be loved.
I don't want to fight.
I don't want to be a soldier.

All I want is to delight in the power of feeling the simplest things.

TEMA E VOLTAS

Mas para quê
Tanto sofrimento,
Se nos céus há o lento
Deslizar da noite?

Mas para quê
Tanto sofrimento,
Se lá fora o vento
É um canto da noite?

Mas para quê
Tanto sofrimento,
Se agora, ao relento.
Cheira a flor da noite?

Mas para quê
Tanto sofrimento,
Se o meu pensamento
É livre na noite?

THEME AND VARIATIONS

But why should there be
so much suffering
if in the sky there is the slow
declension of the night?

But why should there be
so much suffering
if the wind out there
is a song of the night?

But why should there be
so much suffering
if into the dew now
the flower of night releases its perfume?

But why should there be
so much suffering
if my thought
rides free on the night?

ANDORINHA

Andorinha lá fora está dizendo:
"Passei o dia à toa, à toa!"
Andorinha, andorinha, minha cantiga é mais triste!
Passei a vida à toa, à toa…

SWALLOW

The swallow outside there is saying:
"I've spent the whole day at random, at random!"
Oh, swallow, swallow, my song is much sadder!
I've spent my whole life at random, at random...

A ESTRELA

Vi uma estrela tão alta,
Vi uma estrela tão fria!
Vi uma estrela luzindo
Na minha vida vazia.

Era uma estrela tão alta!
Era uma estrela tão fria!
Era uma estrela sozinha
Luzindo no fim do dia.

Por que da sua distância
Para a minha companhia
Não baixava aquela estrela?
Por que tão alta luzia?

E ouvi-a na sombra funda
Responder que assim fazia
Para dar uma esperança
Mais triste ao fim do meu dia.

STAR

In the sky, I saw a star:
it was so cold, so bright.
Aloof ? Or merely distant
from my life with its light?

It was remote and useless,
so high, so far away,
as it offered its slight light
to the end of an earthly day.

Why not come down closer
and therefore brighter? Why
was it content to glimmer,
a pinprick high in the sky?

I imagined it giving an answer,
explaining it shone that way
to mete out its portion of faint
hope at the end of our day.

PENSÃO FAMILIAR

Jardim da pensãozinha burguesa.
Gatos espapaçados ao sol.
A tiririca sitia os conteiros chatos.
O sol acaba de crestar os gosmilhos que murcharam.
Os girassóis
                    amarelo!
                                                resistem.

E as dálias, rechonchudas, plebéias, dominicais.
Um gatinho faz pipi.
Com gestos de garçom de restaurant-Palace
Encobre cuidadosamente a mijadinha.
Sai vibrando com elegância a patinha direita:

É a única criatura fina na pensãozinha burguesa.

PENSION GARDEN

In the garden of the little pension,
cats laze in the sun.
Weeds fight with the dusty flower beds.
The sun torments the dying four o'clocks,
while the sunflowers

                    although they are yellow

                                    fight on bravely.

A kitten goes for a pee,
then, with the flourish of one of the waiters in the Palace Hotel,
covers the puddle with quick careful strokes
and then walks away with an elegant shake of his right paw –

the only first-class creature in this seedy little pension.

ÚLTIMA CANÇÃO DO BECO

Beco que cantei num dístico
Cheio de elipses mentais,
Beco das minhas tristezas,
Das minhas perplexidades
(Mas tembém dos meus amores,
Dos meus beijos, dos meus sonhos),
Adeus para nunca mais!

Vão demolir esta casa.
Mas meu quarto vai ficar,
Não como forma imperfeita
Neste mundo de aparências:
Vai ficar na eternidade,
Com seus livros, com seus quadros,
Intacto, suspenso no ar!

Beco de sarças de fogo,
De paixões sem amanhãs,
Quanta luz mediterrânea
No esplendor da adolescência
Não recolheu nestas pedras
O orvalho das madrugadas,
A pureza das manhãs!

Beco das minhas tristezas,
Não me envergonhei de ti!
Foste rua de mulheres?
Todas são filhas de Deus!
Dantes foram carmelitas...
E eras só de pobres quando,
Pobre, vim morar aqui.

94

LAST SONG OF THE ALLEY

Alley, I sang in my distychs,
allusive, and full of ellipses,
of my sorrows, alley, my fears,
my revisions and hesitations
(but also my loves,
of my kisses, of my sweet dreams),
but now it's Adios, forever.

They're tearing down this house,
but my room will persist,
not like an imperfect form
in this world of appearances,
but a part of eternity now,
with its books, its paintings
forever intact, hanging in air!

Alley of burning bushes,
with instant ephemeral passions,
how much Mediterranean light
and adolescent glory
has soaked into these stones
with the dew of the dawn
in the purity of daybreak!

Alley of my sorrows,
I was never ashamed of you!
Were you a street of the streetwalkers?
They are all daughters of God.
Before that, you were home to Carmelites
and to the poor when,
poor, myself, I came here to settle.

Lapa – Lapa do Desterro –
Lapa que tanto pecais!
(Mas quando bate seis horas,
Na primeira voz dos sinos,
Como na voz que anunciava
A conceição de Maria,
Que graças angelicais!)

Nossa Senhora do Carmo,
De lá de cima do altar,
Pede esmolas para os pobres,
– Para mulheres tão tristes,
Para mulheres tão negras,
Que vêm nas portas do templo
De noite se agasalhar.

Beco que nasceste à sombra
De paredes conventuais,
És como a vida, que é santa
Pesar de todas as quedas.
Por isso te amei constante
E canto para dizer-te
Adeus para nunca mais!

Lapa – Lapa of the Exile –
Lapa with so many sins!
(But when the chimes sound six,
in their first voice of morning,
in what clarity they sing,
in the grace of the angel
in the Annunciation to Mary!)

Our Lady of Carmel
from high on the altar
asks alms for the poor –
for these women of sorrows,
for these women of darkness
who huddle in her doorways
as the night descends.

Alley, born in the shadows
of the convent walls,
you are like life, which is holy
even for all its disappointments.
That is why I have loved you always
and sing to you to tell you
Adios forever.

O MARTELO

As rodas rangem na curva dos trilhos
Inexoravelmente.
Mas eu salvei do meu naufrágio
Os elementos mais cotidianos.
O meu quarto resume o passado em todas as casas que habitei.
Dentro da noite
No cerne duro da cidade
Me sinto protegido.
Do jardim do convento
Vem o pio da coruja.
Doce como um arrulho de pomba.
Sei que amanhã quando acordar
Ouvirei o martelo do ferreiro
Bater corajoso o seu cântico de certezas.

THE HAMMER

The wheels squeal on the curve of the tracks
inexorably.
But I have shored up against my ruin
the most elemental, daily things.
My room continues the past of every house in which I've lived.

Within the night,
within the hard kernel of the city,
I feel protected.
From the convent garden
comes the hoot of an owl,
melodious as the cooing of any dove,
but I know that when I wake tomorrow,
I will hear the hammer of the blacksmith
pounding out its song of certainties.

PNEUMOTÓRAX

Febre, hemoptise, dispnéia e suores noturnos.
A vida inteira que podia ter sido e que não foi.
Tosse, tosse, tosse.

Mandou chamar o médico:
– Diga trinta e três.
– Trinta e três... trinta e três... trinta e três...
– Respire.

– O senhor tem uma escavação no pulmão esquerdo e o pulmão
                                          direito infiltrado.
– Então, doutor, não é possível tentar o pneumotórax?
– Não. A única coisa a fazer é tocar um tango argentino.

PNEUMOTHORAX

Fever, bloody cough, dyspnea, and night sweats.
A whole life that could have been and wasn't.
Hack, hack, hack.

He sent for the doctor:
"Say, 'Ninety-nine.'"
"Ninety-nine... ninety-nine....ninety-nine..."
"Now breathe."

"You have a lesion in the left lung and your right is infiltrated."
"So, doctor? Can't you collapse the lung or something?"
"No, the only thing to do is take up the Argentine tango."

CONTO CRUEL

A uremia não o deixava dormir. A filha deu uma injeção de sedol.
  — Papai verá que vai dormir.
  O pai aquietou-se e esperou. Dez minutos... Quinze
    minutos...Vinte minutos...Quem disse que o sono
    chegava? Então, ele implorou chorando:
  — Meu Jesus-Christinho!
  Mas Jesus-Christinho nem se incomodou.

CRUEL STORY

The uremia wouldn't let him sleep. The daughter gave him a shot.
    – Now you'll sleep well, Papa.
    The father made himself relax and waited. Ten minutes…
        fifteen… twenty… Who said he was going to sleep.
        At last, he pleaded, sobbing:
    – Oh, my Sweet Jesus.
    But Sweet Jesus paid no attention.

CONTRIÇÃO

Quero banhar-me nas águas límpidas
Quero banhar-me nas águas puras
Sou a mais baixa das criaturas
     Me sinto sórdido

Confiei às feras as minhas lágrimas
Rolei de borco pelas calçadas
Cobri meu rosto de bofetadas
     Meu Deus valei-me

Vozes da infância contai a história
Da vida boa que nunca veio
E eu caia ouvindo-a no calmo seio
     Da eternidade.

CONTRITION

I want to wash myself in limpid water
I want to bathe myself in pure water
I am the vilest of creatures
      I feel soiled

With my tears I confided to the wild animals
I stumbled down the streets
I slapped my own face until it was red
      My God, help me

The voices of childhood speak to me with stories
Of the good life that never was
Hearing them, let me fall onto the calm breast
      Of eternity

O BICHO

Vi ontem um bicho
Na imundície do pátio
Catando comida entre os detritos.

Quando achava alguma coisa,
Não examinava nem cheirava:
Engolia com voracidade.

O bicho não era um cão,
Não era um gato,
Não era um rato.

O bicho, meu Deus, era um homem.

THE BEAST

I saw a beast yesterday,
in the courtyard at the garbage,
foraging for scraps in the leavings.

When it found something,
it didn't look or sniff,
but just bolted it down.

The beast wasn't a dog,
wasn't a cat,
wasn't a rat.

That beast, good Lord, was a man.

RONDÓ DO CAPITÃO

Bão balalão,
Senhor capitão,
Tirai este peso
Do meu coração.
Não é de tristeza,
Não é de aflição:
É só de esperança,
Senhor capitão!
A leve esperança,
A aérea esperança…
Aérea, pois não!
–Peso mais pesado
Não existe não.
Ah, livrai-me dele,
Senhor capitão!

CAPTAIN'S RONDO

Ban balalan,
Senhor Capitan,
carry off in your cart
this weight on my heart.
It's not sadness, in fact,
or grief: the exact
ailment is hope,
Senhor Capitan.
Hope is the weight
that's impossibly great.
Light as the air? Or light as a feather?
In a pillow you'll smother.
You follow my gist?
A heavier weight
could never exist.
No sir, I say, no.
From hope, save me. Oh,
have pity, dear man,
Senhor Capitan.

TRAGÉDIA BRASILEIRA

Misael, funcionário da Fazenda, com 63 anos de idade.

Conheceu Maria Elvira na Lapa–prostituída, com sífilis, dermite nos dedos, uma aliança empenhada e os dentes em petição de miséria.

Misael tirou Maria Elvira da vida, instalou-a num sobrado no Estácio, pagou médico, dentista, manicura... Dava tudo quanto ela queria.

Quando Maria Elvira se apanhou de boca bonita, arranjou logo um namorado.

Misael não queria escândalo. Podia dar uma surra, um tiro, uma facada. Não fez nada disso: mudou de casa.

Viveram três anos assim.

Toda vez que Maria Elvira arranjava namorado, Misael mudava de casa.

Os amantes moraram no Estácio, Rocha, Catete, Rua General Pedra, Olaria, Ramos, Bonsucesso, Vila Isabel, Rua Marquês de Sapucaí, Niterói, Encantado, Rua Clapp, outra vez no Estácio, Todos os Santos, Catumbi, Lavradio, Boca do Mato, Inválidos...

Por fim na Rua da Constituição, onde Misael, privado de sentidos e de inteligência, matou-a com seis tiros, e a polícia foi encontrá-la caída em decúbito dorsal, vestida de organdi azul.

BRAZILIAN TRAGEDY

Misael, clerk in the Treasury, aged 63,
Got to know Maria Elvira in the Tenderloin – a prostitute
with syphilis, with eczema on her fingers, with her
wedding ring hocked, and with miserably rotten teeth.
Misael rescued Maria Elvira from the life, settled her into
a nice house in town, paid for the doctor, the dentist, the mani-
curist... He gave her everything her heart desired.

As soon as Maria Elvira found herself with a good-looking
mouth, she hustled up a new boyfriend.
Misael wasn't looking for trouble. He could have beaten
her, shot her in the head, stabbed her in the belly. But he didn't
do any of this. He just settled them both into a new house.

They lived this way for three years.
Every time Maria took up with a new lover, Misael found
a new house.
The lovers lived in Estácio, Rockville, The Sties, General
Stone Street, the Brickyard, Orchardville, Victory City, Villa
Isabel, Marquis of Sapucaí Street, Enchanted Village, Clapp
Road, and again in Estácio, All-Saints, Playertown, Richfields,
Forest Hills, Inválidos...
In the end, in Constitution Street, Misael, by now out of
his mind, shot her six times, and police found her supine body all
gussied up in her best blue organdy dress.

VERSOS DE NATAL

Espelho, amigo verdadeiro,
Tu refletes as minhas rugas,
Os meus cabelos brancos,
Os meus olhos míopes e cansados.
Espelho, amigo verdadeiro,
Mestre do realismo exato e minucioso,
Obrigado, obrigado!

Mas se fosses mágico,
Penetrarias até ao fundo desse homem triste,
Descobririas o menino que sustenta esse homem,
O menino que não quer morrer,
Que não morrerá senão comigo,
O menino que todos os anos na véspera do Natal
Pensa ainda em pôr os seus chinelinhos atrás da porta.

CHRISTMAS VERSES

Mirror, old buddy,
you show me my wrinkles,
my white hair,
my tired, red eyes.
Mirror, old pal,
maestro of exact, scrupulous realism,
thanks, thanks a lot!

But if you were magic,
you'd look deeper into this sad man
and would see the child who sustains this person,
the child who refuses to die,
who'll never die except with me,
the child who every Christmas Eve
would like to hang his stocking from the mantel.

VERSOS PARA JOAQUIM

Jaoquim, a vontade do Senhor é às vezes difícil de aceitar.
Tanto Simeão desejoso de ouvir o celeste chamado!
Por que então chamar a que estava apenas a meio de sua tarefa?

A indispensável?
A insubstituível?
(Por isso sorri com lágrimas quando te vi, antes da missa, ajeitar o
                              laço de fita nos cabelos de tua caçulinha)

Ah, bem sei, Joaquim, que o teu coração é tão grande quanto o da
                              mãe melhor.

Mas que tristeza! Ela foi demais, estou de mal com Deus.
—Joaquim, a vontade do Senhor é às vezes inaceitável.

114

VERSES FOR JOAQUIM

Joaquim, the will of the Lord is sometimes hard to accept.
So many Simons are eager to hear the call of heaven.
But why, then, summon a woman whose tasks were only half done?

Someone indispensable,
Someone irreplaceable?
(That was why I smiled through my tears when I saw you before
                    mass, adjusting the ribbon in your child's hair.)

Ah, I know, Joaquim, how your heart is as big as that of the best
                                                        mother.

But how sad it is! It's too much. I'm on bad terms with God.
– Joaquim, the will of the Lord sometimes is... unacceptable.

A VIRGEM MARIA

O oficial do registro civil, o coletor de impostos, o mordomo da
    Santa Casa e o administrador do cemitério de São João Batista.
Cavaram com enxadas
Com pás
Com as unhas
Com os dentes
Cavaram uma cova mais funda que o meu suspiro de renúncia

Depois me botaram lá dentro
E puseram por cima
As Tábuas da Lei

Mas de lá de dentro do fundo da treva do chão da cova
Eu ouvia a vozinha da Virgem Maria
Dizer que fazia sol lá fora
Dizer insistentemente
Que fazia sol lá fora.

THE VIRGIN MARY

The registrar, the tax collector, the hospital administrator, and the
                    chief of the Cemetery of St. John the Baptist
dug with spades,
with shovels,
with fingernails,
with teeth,
dug a grave deeper than my sighs of despair.

They threw me in there
and placed on top of me
the Tables of the Law.

But down there, down deep in the darkness,
I heard the soft, still voice of the Virgin Mary
saying that the sun was shining,
saying insistently:
the sun is shining.

4

OS SAPOS

Enfunando os papos,
Saem da penumbra,
Aos pulos, os sapos.
A luz os deslumbra.

Em ronco que aterra,
Berra o sapo-boi:
– "Meu pai foi à guerra!"
– "Não foi!" – "Foi!" – "Não foi!".

O sapo-tanoeiro,
Parnasiano aguado,
Diz: – "Meu cancioneiro
É bem martelado.

Vede como primo
Em comer os hiatos!
Que arte! E nunca rimo
Os termos cognatos.

O meu verso é bom
Frumento sem joio.
Faço rimas com
Consoantes de apoio.

Vai por cinqüenta anos
Que lhes dei a norma:
Reduzi sem danos
A formas a forma.

THE TOADS

With puffed-out throats
from out of the night,
here come the toads.
They leap into the light.

Gribbitz-ah-gribbitz,
the bull-toad croaks.
He smiles and he sniggers
retelling old jokes.

He's tenured, secure,
but as dumb as they come.
For his lectures on metrics,
he uses a drum

to demonstrate where
the caesura must fall.
His boasts are as large
as his talents are small.

"My verses," he says,
"are all wheat and no chaff."
They're a metrical mish-mash;
we try not to laugh

at his lame imitations
of Williams and Pound,
demonstrating his theories
of the sense and the sound.

Clame a saparia
Em críticas céticas:
Não há mais poesia
Mas há artes poéticas..."

Urra a sapo-boi:
– "Meu pai foi rei" – "Foi!"
– "Não foi!" – "Foi!" – "Não foi!".

Brada em um assomo
O sapo-tanoeiro
– "A grande arte é como
Lavor de joalheiro.

Ou bem de estatuário.
Tudo quanto é belo,
Tudo quanto é vário,
Canta no martelo."

Outros, sapos-pipas
(Um mal em si cabe),
Falam pelas tripas:
– "Sei!" – "Não sabe!" – "Sabe!".

Longe dessa grita,
Lá onde mais densa
A noite infinita
Verte a sombra imensa;

Lá, fugido ao mondo,
Sem glória, sem fé,
No perau profundo
E solitário, é

The chorus of bull-toads
approve, and why not,
when poetry's dead
and theory is hot?

The bull-toad proclaims
that his father was king.
"He wasn't," we answer.
"What proof can you bring?"

The tree-toad defies him,
for he, too, is bold:
"My art is enduring
as finely worked gold

of the work of Cellini
or, say, Fabergé –
a dazzle of wit
on aggressive display."

The buffo from Surinam
puts in the claim
that he is the best
at this recherché game.

Far from this yammer
that nothing inhibits,
away from this noise
and vainglorious gribbitz,

obscure, in a bog,
without fame, without perks,
and without any theories,
one river toad works.

Que soluças tu,
Transido de frio,
Sapo cururu
Da beira do rio...

In cold and in hunger
he yet perseveres
with spontaneous songs
that solicit our tears.

POÉTICA

Estou farto do lirismo comedido
Do lirismo bem comportado
Do lirismo funcionário público com livro de ponto expediente
         protocolo e manifestações de apreço ao sr. diretor

Estou farto do lirismo que pára e vai averiguar no dicionário o
         cunho vernáculo de um vocábulo

Abaixo os puristas

Todas as palavras sobretudo os barbarismos universais
Todas as construções sobretudo as sintaxes de exceção
Todos os ritmos sobretudo os inumeráveis

Estou farto do lirismo namorador
Político
Raquítico
Sifilítico
De todo lirismo que capitula ao que quer que seja fora de si
         mesmo.

De resto não é lirismo
Será contabilidade tabela de co-senos secretário do amante
         exemplar com cem modelos de cartas e as diferentes
         maneiras de agradar às mulheres, etc.

Quero antes o lirismo dos loucos
O lirismo dos bêbedos
O lirismo difícil e pungente dos bêbedos
O lirismo dos clowns de Shakespeare

— Não quero mais saber do lirismo que não é libertação.

126

POETICS

I've had it with diffident lyricism,
well-mannered lyricism,
the civil-servant's lyricism that comes with a time card, office
                hours, office procedures, and expressions of esteem
              for the administrative director, Sir.

I've had it with lyricism that has to stop in midstream to consult a
                        dictionary for the exact definition of a word.
Down with the purists!
Let's hear it for all words, especially those that everyone screws up,
all the mangled constructions, and the violations of the rules of syntax,
all the subtle rhythms that can't be scanned.

I've had it with lounge-lizard's lyricism,
political,
rachitical,
syphilitical,
all lyricism that yields to any outside influence.

Anyway, all this other stuff isn't lyricism.
It's accounting, it's cosine tables, it's handbooks for the would-be lover
with form letters and hints for more effective foreplay, and so on...

I prefer the lyricism of loonies,
the lyricism of drunkards,
the hard-earned, bitter lyricism of the drunkards,
the lyricism of Shakespeare's clowns.

I want nothing more to do with any lyricism that isn't liberation.

O ÚLTIMO POEMA

Assim eu quereria o meu último poema
Que fosse terno dizendo as coisas mais simples e menos
                                                    intencionais

Que fosse ardente como um soluço sem lágrimas
Que tivesse a beleza das flores quase sem perfume
A pureza da chama em que se consomem os diamantes mais
                                                    límpidos

A paixão dos suicidas que se matam sem explicação.

THE LAST POEM

This is how I want my last poem to be
It should be gentle, so that it says the simplest, least calculated things
It should be ardent, like a sob too sudden for tears
It should have the beauty of a flower that has almost no scent
The purity of the flame that consumes the clearest diamonds
The passion of suicides who kill themselves without explanation

NOVA POÉTICA

Vou lançar a teoria do poeta sórdido.
Poeta sórdido:
Aquele em cuja poesia há a marca suja da vida.
Vai um sujeito.
Sai um sujeito de casa com a roupa de brim branco muito bem
        engomada, e na primeira esquina passa um caminhão,
        salpica-lhe o paletó ou a calça de uma nódoa de lama:

É a vida.

O poema deve ser como a nódoa no brim:
Fazer o leitor satisfeito de si dar o desespero.

Sei que a poesia é também orvalho.
Mas este fica para as minininhas, as estrelas alfas, as virgens cem
        por cento e as amadas que envelheceram sem maldade.

NEW POETICS

I launch the theory of the sordid poet.
The sordid poet:
the one whose poetry shows life's dirty traces;
an ordinary man;
an ordinary man who leaves the house wearing a white duck suit,
       freshly cleaned and pressed, and a truck at the first
       corner spatters his pants with mud.

That's life.

A poem should be mud on white pants.
It should drive the complacent reader wild.

I know, I know: poetry is also dew,
but that's for good little girls, bright stars, virgins (hundred per
       cent virgins), and ex-sweethearts who manage to
       grow old without a trace of malice.

ANTOLOGIA

A vida
Não vale a pena e a dor de ser vivida.
Os corpos se entendem mas as almas não.
A única coisa a fazer é tocar um tango argentino.

Vou-me embora p'ra Pasárgada!
Aqui eu não sou feliz.
Quero esquecer tudo:
– A dor de ser homem...
Este anseio infinito e vão
De possuir o que me possui.

Quero descansar
Humildemente pensando na vida e nas mulheres que amei...
Na vida inteira que podia ter sido e que não foi.

Quero descansar.
Morrer.
Morrer de corpo e alma.
Completamente.
(Todas as manhãs o aeroporto em frente me dá lições de partir.)

Quando a Indesejada das gentes chegar
Encontrará lavrado o campo, a casa limpa.
A mesa posta,
Com cada coisa em seu lugar.

ANTHOLOGY

Life
isn't worth the bother and the grief it takes to live it.
Bodies understand one another, but souls? No.
The only thing to do is learn the Argentine tango.

I'm heading off to Pasárgada!
Here I don't have what would make me happy.
I want to forget everything –
the pain of being human,
the infinite pain and the longing
to possess what possesses me.

I want to rest,
to think humbly about life and the women I've loved,
about that coherent life that could have been and wasn't.

I want to rest,
to die,
to die body and soul,
completely.

(Every morning, the airport across the road offers me lessons in

departure.)

When the Uninvited Guest arrives,
she will find the fields all in order, the house neat,
the table set,
everything in its correct place.

5

NOTURNO DA PARADA AMORIM

O violoncelista estava a meio do Concerto de Schumann
Subitamente o coronel ficou transportado e começou a gritar: – *Je
vois des anges! Je vois des anges!* – E deixou-se
escorregar sentado pela escada abaixo.

O telefone tilintou.
Alguém chamava?... Alguém pedia socorro?...

Mas do outro lado não vinha senão o rumor de um pranto
desesperado!...

(Eram três horas.
Todas as agências postais estavam fechadas.
Dentro da noite a voz do coronel continuava a gritar: – *Je vois des
anges! Je vois des anges!*)

NOCTURNE OF AMORIM STATION

The cellist was in the middle of the Schumann Concerto.

Suddenly the colonel fell into a trance and began shouting: *Je vois des anges! Je vois des anges!*
And he let himself go and slid down the banister.

The telephone jangled.
Someone calling?... Someone asking for help?...

But on the other end, only a desperate sobbing!...

(It was three o'clock.
All the post offices were closed.
From deep in the night, the colonel's voice kept bellowing:
Je vois des anges! Je vois des anges!)

EVOCAÇÃO DO RECIFE

Recife
Não a Veneza americana
Não a Mauritssatd dos armadores das Índias Ocidentais
Não o Recife dos Mascates
Nem mesmo o Recife que aprendi a amar depois–
     Recife das revoluções libertárias
Mas o Recife sem história nem literatura
Recife sem mais nada
Recife da minha infância

A Rua da União onde eu brincava de chicote-queimado e partia as
        vidraças da casa de Dona Aninha Viegas
Totônio Rodrigues era muito velho e botava o pincenê na ponta
        do nariz
Depois do jantar as famílias tomavam a calçada com cadeiras,
        mexericos, namoros, risadas
A gente brincava no meio da rua
Os meninos gritavam:
    Coelho sai!
    Não sai!

A distância as vozes macias das meninas politonavam:
    Roseria dá-me uma rosa
    Craveiro dá-me um botão

(Dessas rosas muita rosa
Terá morrido em botão...)

De repente
    nos longes da noite
                    um sino

EVOCATION OF RECIFE

Recife
Not the American Venice,
or the Mauritsstad of the speculators of the Dutch East India
                                                                    Company
nor the Recife of Portuguese traders
nor even the Recife I learned in time to love –
        The Recife of revolutionaries and leftists
but a Recife without history or literature,
Recife without anything else
The Recife of my childhood.

Union Street where I played crack-the-whip and smashed
                        windows in the house of Dona Aninha Viega
Tôtonio Rodrigues was very old and wore a pince-nez at the end
                                                                    of his nose
After dinner, the families took chairs out onto the sidewalk,
                                gossiping, flirting, laughing
We played in the street.
The boys called out
        Run rabbit!
        Don't run!

In the distance, the voices of the little girls were softer:
        Rosebush give me a flower,
        Carnation, give me a bud

(And of all those roses,
how many died in the bud?)

Suddenly,
                in the distances of the night
                                a bell.

Uma pessoa grande dizia:
Fogo em Santo Antônio!
Outra contrariava: São José!
Totônio Rodrigues achava sempre que era São José.
Os homens punham o chapéu saíam fumando
E eu tinha raiva se ser menino porque não podia ir ver o fogo

Rua da União...
Como eram lindos os nomes das ruas da minha infância
Rua do Sol
(Tenho medo que hoje se chame do Dr. Fulano de Tal)
Atrás de casa ficava a Rua da Saudade...
                              ...onde se ia fumar escondido
Do lado de lá era o cais da Rua da Aurora...
                              ...onde se ia pescar escondido
Capiberibe
      – Capiberibe

Lá longe o sertãozinho de Caxangá
Banheiros de palha

Um dia eu vi uma moça nuinha no banho
Fiquei parado o coração batendo
Ela se riu
            Foi o meu primeiro alumbramento

Cheia! As cheias! Barro boi morto árvores destroços redomoinho
                                                      sumiu
E nos pegões da ponte do trem de ferro os caboclos destemidos
                              em jangadas de bananeiras

One grown-up person said:
"A fire in Santo Antônio!"
Another contradicted: "São José!"
Tôtonio Rodrigues always thought it was São José.
The men clapped on their hats and went off, smoking,
and I hated being a kid because I couldn't tag along to see the fire.

Union Street...
The streets of my boyhood had such great names!
Sun Street.
(I hate to think it might have been renamed for some bigwig, the
                                    Boulevard of Dr. Fulano de Tal.)
Behind our house was Nostalgia Street...
                        ...where we used to go and smoke.
On the other side was the wharf on Dawn Street,
                        ...where we used to sneak off to fish.
Capiberibe.
    Capibaribe

Then, way in the distance, there were the fields of Caxangá
and its straw bathhouses

One day I saw a girl altogether naked in her bath.
I froze, my heart pounding,
She laughed.
                It was my first epiphany

Floods! The floods! Mud dead ox trees debris, whirlpools – all
                                                    gone
And between the pillars of the railroad bridge, heroes
                        maneuvering their rafts of banana logs.

Novenas
          Cavalhadas
Eu me deitei no colo da menina e ela começou a passar a mão nos
                            meus cabelos

Capiberibe
– Capiberibe

Rua da União onde todas as tardes passava a preta das bananas
                  com o xale vistoso de pano da Costa
E o vendedor de roletes de cana
O de amendoim
          que se chamava midubim e não era torrado era cozido

Me lembro de todos os pregões:
          Ovos frescos e baratos
          Dez ovos por uma pataca
Foi há muito tempo...

A vida não me chegava pelos jornais nem pelos livros
Vinha da boca do povo na língua errada do povo
Língua certa do povo
Porque ele é que fala gostoso o português do Brasil
          Ao passo que nós
          A que fazemos
          É macaquear
          A sintaxe lusíada
A vida com uma porção de coisas que eu não entendia bem
Terras que não sabia onde ficavam

Recife...
          Rua da União...
                A casa de meu avô...
Nunca pensei que ela acabasse!

142

Novenas
Cavalhadas
My head was in the girl's lap, and she was running her fingers
through my hair

Capiperibe
– Capibaribe

On Union Street, every afternoon, the woman who sold bananas
came around in her bright rough shawl
and the peddler of sugar cane
and the peanut vendor
we called them beenuts and they weren't roasted but boiled

I remember all the hawkers' cries:
Eggs fresh and cheap
Ten eggs for a pataca

Life wasn't filtered through newspapers or books
but came from the mouth of the people, the flawed speech of the
people
the correct speech of the people
because the people speak Brazilian Portuguese with gusto
beating us by a mile
because all we can do
is stammer and parrot
the old syntax of *The Lusiads*.
Life with its serving of sweets I couldn't begin to understand
Territory I had not yet started to map

Recife...
Union Street
My grandfather's house...
I never supposed that house could disappear.

Tudo lá parecia impregnado de eternidade
Recife...

      Meu avô morto.
Recife morto, Recife bom, Recife brasileiro como a casa de

                                              meu avô

Everything there looked to me to be eternal
Recife...
                  My grandfather, dead.
Dead Recife, wonderful Recife, Recife as Brazilian as my
                                  grandfather's house.

BRISA

Vamos viver no Nordeste, Anarina.
Deixarei aqui meus amigos, meus livros, minhas riquezas, minha
vergonha.
Deixarás aqui tua filha, tua avó, teu marido, teu amante.
Aqui faz muito calor.
No Nordeste faz calor também.
Mas lá tem brisa:
Vamos viver de brisa, Anarina.

BREEZE

Let's go up north to live, Anarina.
I'll leave my friends here, my books, all my possessions, and my shame.
And you'll leave your daughter, your grandmother, your husband, and

your lover.

Here it's very hot.
Up north, it's hot, too,
but there's a breeze:
let's go and live in that breeziness, Anarina.

ESCUSA

Eurico Alves, poeta baiano,
Salpicado de orvalho, leite cru e tenro cocô de cabrito,

Sinto muito, mas não posso ir a Feira de Sant'Ana.

Sou poeta da cidade.
Meus pulmões viraram máquinas inumanas e aprenderam a
                    respirar o gás carbônico das salas de cinema.
Como o pão que o diabo amassou.
Bebo leite de lata.
Falo com A., que é ladrão.
Aperto a mão de B., que é assassino.
Há anos que não vejo romper o sol, que não lavo os olhos nas
                    cores das madrugadas.

Eurico Alves, poeta baiano,
Não sou mais digno de respirar o ar puro dos currais da roça.

148

EXCUSE

Eurico Alves, poet of Bahia,
splattered with dew, milk right from the udder, and tender
                        droppings of newborn goats,

I am sorry indeed that I cannot accept your invitation to Feira
                        de Sant'Ana.

I am a city poet.
My lungs have become monstrous machines and have learned to
                    breathe carbon dioxide in movie theaters.
I eat bread the devil has kneaded.
I drink canned milk.
I chat with A, the thief,
I shake hands with B, the murderer.
It has been years now since I last saw a sunrise or bathed my eyes
                    in the colors of the dawn.

Eurico Alves, poet of Bahia,
I am no longer worthy to breathe the pure air of your barnyards.

VOU-ME EMBORA PRA PASÁRGADA

Vou-me embora pra Pasárgada
Lá sou amigo do rei
Lá tenho a mulher que eu quero
Na cama que escolherei
Vou-me embora pra Pasárgada

Vou-me embora pra Pasárgada
Aqui eu não sou feliz
Lá a existência é uma aventura
De tal modo inconseqüente
Que Joana a Louca de Espanha
Rainha e falsa demente
Vem a ser contraparente
Da nora que nunca tive

E como farei ginástica
Andarei de bicicleta
Montarei em burro brabo
Subirei no pau-de-sebo
Tomarei banhos de mar!
E quando estiver cansado
Deito na beira do rio
Mando chamar a mãe-d'água.
Pra me contar as histórias
Que no tempo de eu menino
Rosa vinha me contar
Vou-me embora pra Pasárgada

Em Pasárgada tem tudo
É outra civilização
Tem um processo seguro
De impedir a concepção
Tem telefone automático

150

PASÁRGADA

I'm going off to Pasárgada
There, I'm a friend of the king
There, I can have any woman I want
in any bed, any time
I'm going off to Pasárgada

I'm going off to Pasárgada
Here, I'm not happy,
But there, life is an adventure,
in that wonderful way, so inconsequential
that Juana La Loca of Spain,
that nutty false queen,
becomes the foster-parent
of the jilted daughter-in-law.

How I'll do gymnastics there,
and go bicycling,
or I'll ride wild donkeys,
or climb the greased pole at carnival,
or I'll splash in the sea,
and then, when I'm tired, I'll sprawl
by the riverbank,
and I'll send for the Mother of Waters
to tell me the stories that,
when I was a child, Rosa used to tell me.
I'm going off to Pasárgada

Pasárgada has it all,
it's another civilization.
They've got birth-control there,
they've got touch-tone telephones,

Tem alcalóide à vontade
Tem prostitutas bonitas
Para a gente namorar

E quando eu estiver mais triste
Mas triste de não ter jeito
Quando de noite me der
Vontade de me matar
—Lá sou amigo do rei—
Terei a mulher que eu quero
Na cama que escolherei
Vou-me embora pra Pasárgada.

They've got dope, as much as you want,
and great looking prostitutes
to make people fall in love.

And when I become even sadder,
really sad, so that nothing does any good,
when all I want at night is to die,
to take my own life...
I remember that there I'm a friend of the king,
there I can have any woman I want,
any bed, anything...
I'm going off to Pasárgada